Sigrun Thiel
Zwischentöne
Gefühlswelten

Gedichte für Erwachsene

Sigrun Thiel

Zwischentöne

Gefühlswelten

Gedichte für Erwachsene

Impressum

Herausgeber/Agentur
eshop2008/Chrobog – Leipzig

Herstellung und Verlag
Books on Demand GmbH, Noderstedt
ISBN 978-3-8391-5257-7

Vorwort

Ich habe aus meinem ganzen Leben, Gefühle und Gedanken gesammelt und zusammen getragen.
Aus meinen Emotionen sind Gedichte entstanden, erst zufällig und dann mit voller Absicht.
Ich habe sie gelebt und erlebt und kann mich heute noch an die Ereignisse erinnern, als wäre es gestern gewesen.....
Ich hoffe Ihnen werden meine Gedichte gefallen, vielleicht sogar etwas geben können und Sie stellen fest, dass einige Erlebnisse und Empfindungen Ihnen nicht fremd sind.

Tönisvorst, den 01.01.2010

Ihre Sigrun Thiel

„Traum" gemalt von Sigrun Thiel

Inhalt

Anfang

Über mich
In den Gedichten schrieb ich nieder,
was mich quält doch immer wieder.
Die Gedichte, ich bin ehrlich,
sind doch manchmal auch gefährlich.
Mein Arzt sagt es würde sich lohnen
es wäre gut gegen Depressionen.
Hab alle Worte aufgeschrieben,
die durch meinen Kopf rum trieben.
Hab die Verse mit viel Glück
und schönen Worten ausgeschmückt.
Hab Strophen aufgebaut
und der Sprüche nicht geklaut!
Ein Reim folgte dann den andern
und ließ mich durch die Dichtwelt wandern.
Mit ganz viel Freud und bisschen Schmerzen,
schrieb ich alles aus meinem Herzen.

Frau Sorglos

Als Sigrun „Sorglos" kam ich zur Welt,
ich war ganz nackt und hat kein Geld.
Ich wurde belogen
und auch betrogen.
Die Wahrheit gänzlich ausgesperrt,
ist das denn eine Lüge wert?
Lügen haben kurze Beine,
das weiß ich nicht nur alleine.
Denn irgendwann, kommt alles raus,
dann ist's auch mit der Freundschaft aus.
Mittlerweile ist es so,
ich leb heiter und auch froh.
Kannst du aus diesem Scherbenhaufen
Dir eine neue Liebe kaufen?
Bleib bei der Wahrheit und sei gescheit,
dann ist dein Glück auch nicht mehr weit.

Hoftor

Das erst Mal…

Das erste Mal die Welt betreten.
Das erste Mal mit Händen beten.
Das erste Mal auf eignen Beinen.
Das erste Mal fallen und weinen
Das erste Mal zur Schule gehen.
Das erste Mal in Bücher sehen.
Das erste Mal ne sechs geschrieben.
Das erste Mal ne Freundin lieben.
Das erste Mal ne Arbeit suchen.
Das erste Mal ein Urlaub buchen.
Das erste Mal nach Frauen schauen.
Das erste Mal ein Häuschen bauen.
Das erste Mal ein Kind im Arm.
Das erst Mal das Herz so warm.
Das erste Mal in Rente gehen.
Das erste Mal alleine stehen.
Das erste Mal gepflegt zu werden.
Das erste Mal viel Beschwerden.
Das erste Mal das ICH verdorben.
Das erste Mal dann auch gestorben.
Das erste Mal, das ganz Leben,
musst du nach etwas höheren streben.
Verachte jetzt schon Streit und Hetz
und leb dein Leben, hier und jetzt!!!

Der Alltag und das Glück

Wenn zwei Menschen sich entscheiden,
zusammen durch das Leben gehen,
mögen sie sich sehr gut leiden
und beide in die Zukunft sehen.
Im Leben möcht man was erreichen
und hat man dann sein Ziel erreicht,
stellt man selber seine Weichen
und macht sich oft das Leben leicht.
Der Wind im Alltag mit seinem Grau,
blähst so manches Lichtlein aus,
dann wird es dir im Magen flau,
drum mach das Beste stets daraus.
Mit kleinen Freuden hier und da,
kannst du das Glück entfachen.
Dann fühlst du dich bald wunderbar
und kannst auch wieder lachen.
Du darfst nicht schlafen, darfst nicht ruhen.
Denn für dein Glück musst du was tun.

TÜV

Wird erst gespart an Arbeitsmittel,
Gefahrerhöhung um ein Drittel.
So wird geprüft auf „Herz und Nieren",
dabei kann jeder was verlieren.
Ein Bein, ein Finger oder Arm
dann schlägt es erst im Kopf Alarm.
Es wird gesucht und auch gefunden,
doch leider erst nach ein paar Stunden.
Dann hilft kein wimmern oder flehen,
dann ist's zu spät um anzunähen.
Ist der TÜV-Mann dann bereit
dann wird geprüft auf Sicherheit
Denn Sicherheit geht immer vor,
sonst schießt du dir ein Eigentor.
Der Tüv bewahrt dich vor Gefahr
drum schütze dich mit PSA.
(PSA = Persönliche Schutzausrüstung)

Leben

Es war einmal…

Es war ein Tag wie jeder Tag,
mit Sonnenschein und Regen,
das Wetter hier wohl keiner mag,
es ist zum Eier-legen!!!
Vergessen ist die schöne Zeit,
die wir zusammen verbrachten,
vergessen die Gelegenheit,
uns richtig zu betrachten.
Jeder auf sein Wohl bedacht,
und irgendwie vermessen,
trafen wir uns in die Nacht,
was haben wir vergessen?
Ein Teil von Dir wird weiterleben,
es musste wohl so kommen.
Ich kann es keinem andren geben,
denn alles ist verschwommen.
Du hast Dein Leben neu sortiert,
auf ein anderes Gleis verlegt.
Ich habe es doch schon kapiert
und es mir gerade überlegt.
Vergessen, nicht das kleine Stück,
was du mir hast gegeben,
Es war bisher ein großes Glück,
das ich hatte in meinem Leben.

Was geschah mit mir?

Weiß nicht genau was ist geschehen,
wollt ich doch durch die Hölle gehen.
Die Einsamkeit macht mich verrückt,
rutsch in die Tiefe, Stück für Stück.
Ja wenn das Loch so dunkel ist
und mich Jedermann vergisst,
werde ich leben auch allein,
ich denk, so wird es immer sein.
Kein Selbstmitleid was mich nun quält,
nein, nur die Liebe hat gezählt.
Enttäuscht blicke ich nun zurück,
sah ich den Himmel,
ein kleines Stück?

Liebe

Was ist Liebe, sei mal ehrlich!
Ist die Liebe auch gefährlich?
Kann man Liebe auch mal trinken,
oder in ihr ganz versinken?
Kann man Liebe essen, kochen?
Lässt die Liebe mein Herz pochen?
Gibt es Liebe auch bei Affen?
Kann man Liebe auch begaffen?
Gibt es Liebe nur bei Reichen?
Gibt es Liebe auch bei Leichen?
Wird aus Liebe manchmal Wut,
und tut die Liebe immer gut?
Wenn die Liebe aufgefressen,
wird sie dann auch mal vergessen?
Kann die Liebe auch mal schwinden?
Können wir Liebe wieder finden?
Lässt die Liebe uns mal warten?
Kann man Liebe auch neu zu starten?
Doch kommt die Liebe aus dem Herzen,
bringt Sie manchmal große Schmerzen!!!

Ein Jahr

Der Januar mit seinen Tagen,
will so manchen Rentner plagen.
Der Februar, verdammt noch mal,
mit viel Spaß und Karneval.
Der Frühling kommt dann schon im März,
ganz ohne Frust und ohne Schmerz.
Im April und auch im Mai,
kommt warme Sonne dann herbei.
Juni, Juli und August,
bringt den Kindern Badelust.
Wenn September dann beginnt,
frischt schon auf der kühle Wind.
Im Oktober scheint die Sonne,
füllt so manches Herz mit Wonne.
Im November wird es kalt,
dann wird gerodet hier im Wald.
Mit dem Dezember, ach wie dumm,
ist das ganze Jahr schon rum!

Glück

Warum findet man auf Pferden,
immer nur das Glück auf Erden?
Denn ein Pfennig nur als Stück,
bringt auch dir manchmal Glück.
Überhaupt und allgemein,
heißt das Glück manchmal Schwein.
Wenn ein Kleeblatt hat vier Blätter,
wird das Glück dann immer fetter?
In Japan bringt man die Azalee,
zur Hochzeit wie bei uns den Klee.
In China wer hätte es gedacht
bringt das ganze Glück die Acht
Der Bernstein schützt den Römer,
vor bösen Blicken und macht schöner.
Marienkäfer als Himmelsbote,
hat bei uns die höchste Quote.
Der Fliegenpilz doch nur bedingt,
das Glück dir nach Hause bringt.
Und auch der Talisman
Dir viel Glück bringen kann.
Glück zu haben bedarf es wenig,
doch wer Glück hat ist ein König.

Das Glück

Ich pochte leise, klopfte sacht,
da hast Du zornig aufgemacht
und fragtest rau: *„Was willst Du hier?"*
leise sprach ich:*" Ich will zu Dir!"*
„Zu mir? Lass mich in Ruh,
Ich brauch Dich nicht,
wer bist denn Du?"
Da ging ich und sah traurig zurück
und sagte leise: *„Ich war das Glück!"*

Fragen

Haben Glück denn nur die Feen,
denn oftmals wird es übersehen!
Hab du hier das Glück gefunden?
Oder hält es nur für Stunden?
Kommt das Glück zu dir ins Haus?
Wie sieht das Glück denn eigentlich aus?
Als Hummel oder Schmetterling,
ich dir das Glück nach Hause bring.
Und hast du dann einmal großes Glück,
gib deinem Nächsten auch ein Stück!
Das Glück an deiner Seite wohnt,
wofür es sich zu kämpfen lohnt!

Tulpentriologie

Freundschaft

Freundschaft nach Maß

Wenn ich traurig und mal einsam bin,
hältst du mir deine Hände hin.
Du schenkst mir deine schönste Zeit,
ich weiß, dein Herz, es ist nie weit.
Ich kann Dir blind vertrauen,
und immer auf dich bauen,
kann mich auf Dich verlassen,
weil wir zusammen passen.
Du bist zur Hilfe stets bereit.
du gibst mir Trost, Geborgenheit.
Freundschaft, die wir nie vergessen,
ich kann sie an keiner Skala messen.

Immer da

Freundschaft ist ein starkes Band
was ich heut, bei dir hier fand.
Deine Freunde ob Mann ob Frau,
such dir aus und sei so schlau,
nenne nicht gleich einen Freund
der es nicht ganz ehrlich meint.
An seinem Herz erkennst du leicht,
wie weit die Freundschaft wirklich reicht.
Echte Freundschaft musst du pflegen,
Du darfst sie nicht in Ketten legen.
Ein echter Freund du wirst es sehen,
wird dir in der Not zur Seite stehen.

Guter Freund

Ein Freund ist der, der dir vertraut,
der mit dir eine Brücke baut.
Ein guter Freund kann dir verzeihen,
der kann dir niemals böse sein.
Ein guter Freund ist immer ehrlich,
das macht die Freundschaft oft gefährlich.
Freunde finden Zug um Zug,
denn Freunde hat man nie genug.
Drum handle steht's mit viel Verstand
und bau die Freundschaft nie auf Sand.

Überleg mal

Jeder hier, ob Frau ob Mann
tut was er am besten kann.
So lang er im Stress auch ist,
weiß er nicht, was er vermisst.
Doch wird er krank, kommt er zur Ruh
dann hört die Seele auch mal zu.
Die da brüllt und auch mal schreit,
die dir sagt: jetzt wird es Zeit!
Es ist nicht einfach zu verstehen,
wie manche so durchs Leben gehen.
Das Glück an deiner Seite wohnt,
wofür es sich zu kämpfen lohnt!

Engel

Ein Schutzengel…
(…. das wäre schön, würde er an meiner Seite
gehen)
Wenn ich am Abgrund würde stehen,
noch ein paar Schritte reichen,
traurig in die Tiefe sehen,
läge ich bei Leichen.
Wenn die Träume mir versagen,
die Augen kalt und trocken sind,
denn der Wind bläst schon seit Tagen,
durch das große Labyrinth.
Wenn die Kälte kann ich fühlen,
nach Dunkelheit mich sehnen,
meine Seele auch durchwühlen,
niemand hört mich, alle gehen.
Nun kenn ich dich, seit ein paar Tagen
und weiß du willst mich ganz allein,
jetzt möchte ich dich ganz lieb fragen:
„Möchtest Du mein (Schutz)Engel sein?"

Fußspuren im Sand

Das Leben ist ein Lauf am Strand
wie ein Spaziergang durch den Sand.
Jeder Mensch, ob Fee ob Bengel,
wir alle haben einen Engel.
Der Trost und Schutz dir immer spendet.
Die Spur hört auf, wenn's Leben endet.
„Die eine Spur, ja das ist meine,"
ich sag zum Engel: *„schau, das ist deine."*
„Hast mich beschützt, bei Tag und Nacht
und über meinen Schlaf gewacht."
Doch wenn ich den Verlauf ganz sehe,
gibt es etwas, was ich nicht verstehe!
Hier und da, sehe ich nur eine,
„bei Gefahr, war ich alleine?"
„Wo warst du nur, an solchen Tagen?"
„Ich war bei Dir, hab dich getragen!!"

ENGEL auf Erden...

Manchmal kommen Engel auf diese Welt..
du kannst sie nicht kaufen, auch nicht für Geld
Sie sind voller Liebe, für alle Menschen da..
und jedem der Menschen, kommt er ganz nah.
Sie kommen herab, zur kalten Welt
auch wenn es dem Engel hier nicht gefällt.
Sie berühren die Menschen mit ihren Flügeln..
sie kommen zu dir, ob im Tal, ob auf Hügeln.
Sie berühren den Menschen mit ihren Schwingen..
und möchte die Liebe ihm wiederbringen.
Und jede Berührung nimmt ihnen Kraft..
doch ein Engel, der ist stets gönnerhaft.
Manchmal werden die Flügel verletzt..
auch wenn es jetzt so manchen entsetzt.
Und dennoch, tun sie es immer wieder...
und kommen zu dir,setzen sich nieder.
Dann verschwinden sie kurz, müssen sich beeilen..
weil die Flügel immer so schlecht heilen..
Sie müssen neu wachsen und Kräfte bekommen..
nur dann, ist der Engel auf der Erde willkommen.
Menschen, die traurig und auch einsam sind..
Menschen, ob sie schon älter, oder noch Kind
schenkt es Liebe.. die so unendliche ist...
das du sie nie, nie mehr vergisst.
Engel die werden hier nicht geliebt..
Engel ist der, der immer nur gibt.
Engel sie geben niemals auf..
Engel die nehmen alles in Kauf.

28

Sie sind nicht zum lieben da... nur zum leiden...
und sind auf Erden nun mal, nicht zu beneiden.
Sie leiden an der Lieblosigkeit, die ihnen begegnet...
die ihnen als Tropfen in' s Gesicht hinein regnet.
Aber ein Engel der gibt niemals auf..
so nimmt das Schicksal auch seinen Lauf.
Denn ihr Auftrag ist es, dem Menschen die Liebe zu
zeigen..
die Hoffnung.. das Vertrauen... und nichts zu
verschweigen.
Irgendwann geht ein Engel in den Himmel zurück...
wird es dort suchen und finden, sein Glück?
Doch schöner wäre es, wenn der Engel doch bliebe
und fände auch hier, auf Erden die Liebe!!!

Heiter

Sitzung

Immer wenn der Tag erwacht
und vorbei die lange Nacht,
ist dann mein erster Wille,
eine Sitzung in der Stille.
Wenn ich auf meiner Brille sitze,
kräftig drück, dabei auch schwitze,
leg ich den Kopf dann auf die Hand
und schau das Muster an der Wand.
Es drückt der Darm und unterdessen,
hab ich doch irgendwas vergessen.
Ach wie schön wär es gewesen,
könnt ich jetzt die Zeitung lesen.
Die warme Luft mir dann entfleucht,
den kleinen Raum hier ganz verseucht.
Ein drücken, ein bücken,
das ziehen im Rücken
und dann ein entzücken!
Wenn Nebelschwaden ziehen vorbei,
liegt unter mir das Kuckucksei!

Yoga - Kurs

Ein Yoga-Kurs, wer hätt's gedacht,
beginnt schon morgens früh um acht.
Yoga und die Lust am morgen,
vertreibt Dir immer Frust und Sorgen.
Die Decke weg, die Augen groß,
dann geht es erst richtig los.
Du atmest ein, du atmest aus
und schaust dabei zum Fenster raus.
Du setzt dich erstmal gerad aufs Bett
und hörst die Vögel; „ach wie nett !!!"
Weit gebückt, grad überm Hocker,
macht die Wirbelsäule locker.
Und nach altem Yoga brauch,
liegst Du bald schon auf dem Bauch.
Weiter geht's „ die Sonne grüßen",
Kopf hoch und auf Knien büßen.
Hände hoch und aufrecht stehn
und dann durch den Raum mal gehen.
Du atmest aus, Du atmest ein
und lässt es dann für heute sein.
Lässt Dich auf dem Bettrand nieder,
schmerzen Dir schon alle Glieder!

Kräuter Garten

In meinem schönen Kräuter Garten
muss ich immer lange warten.
Bis das, das Grüne dann endlich sprieße,
weil ich es immer gerne gieße.
Will es mit Sorgfalt dann auch pflegen,
die Erde locker ums Grün legen.
Pass auf, dass es nicht ertrinkt,
weil es dann ja doch so stinkt.

Nase

Eine schöne Nase ziert den Mann,
doch hau ich drauf, sie bluten kann!
Wenn ich drauf schlag, wird sie schiefer,
dann bricht schon mal der Oberkiefer.
Hau ich vorbei, sag: "ach wie schade",
bleibt die Nase, dann wohl gerade.

Trainer-Witz

Beim Boxen in der Pause nun,
muss der Trainer auch was tun.
Macht den Boxer wieder frisch
und haut verbal mal auf den Tisch.
„Mach nicht so'n Scheiß für deine Kohlen,
willst wohl den Friedensnobelpreis holen"?

Tierisch

Zwei Pferde auf der Koppel stehen
und tief sich in die Augen sehen.
Da sagt das eine Pferd ganz platt,
ich hab die Arbeit hier so satt.
„Schreib es auf, beschwere Dich",
„Ach Du Max, ich trau mich nicht".
Denn weiß er dass ich schreiben kann,
muss ich noch als Tippse ran.

Der Fickfack (Teil 1)

Das was sich Frau so wünschen kann,
das schenkt ihr meist der Ehemann.
Ist kein Parfüm und auch kein Ring,
es ist ein Fickfack, so'n geiles Ding.
Der Fickfack ist ein heißes Stück,
Frau schiebt ihn vor und auch zurück,
damit er auch gut gleiten kann,
macht Frau Vaseline dran.
Im liegen, stehen und im sitzen,
kommt Frau mit dem Teil ins schwitzen
und weil Frau gern leben will,
bleibt der Fickfack selten still.
Vibriert er heiter und auch froh
passt sogar mal in den Po.
Weil der Fickfack niemals pennt,
ist er ein Allroundtalent.

Vogelpaar

Der Fickfack (Teil 2)

Kaum ist der Mann aus dem Haus
holt die Frau den Fickfack raus.
Sie schließt ihn an das Stromnetz an
damit er besser ficken kann.
Kaum ist der Fickfack angeschlossen,
fickt der Fickfack unverdrossen.
Und wenn sie nahm ihn in die Hand,
stand sie immer an der Wand.
Nachbarn haben sie gehört,
doch es hat sie nie gestört.
Beim Putzen und beim kochen dann,
schleicht er sich von hinten ran.
Denn immer wenn sie Sprudel trinkt,
der Fickfack wie ne Nudel springt.
Und liegt der Fickfack in der Kist,
die Frau dann auch zufrieden ist.
Jetzt liegt sie in der Hängematte,
sie wirklich eine Menge hatte?
Fickfack, heißt der Automat,
der der Frau den Mann erspart!

Schön werden

Muss zum Friseur hab ich gedacht,
und schnell 'nen Termin gemacht,
Muss was für mein Aussehen tun,
bin schon Alt und darf nicht ruhn,
Denn wenn ich vor dem Spiegel stehe,
und meine grauen Haare sehe,
dann denk ich keck,
die müssen jetzt weg!
Um 12 Uhr ist es dann soweit,
mach ich mich auf dem Stuhl bereit.
Mit dem Pinsel und viele Farbe,
verschwinden dann die grauen Haare.
Die Farbe trocken, nen Kaffee naschen
wird sie wieder ausgewaschen.
Mit viel Wasser und Chemie,
werd ich wieder schön wie nie.
Nach dem Waschen und der Kur,
trinke ich ein Wasser nur.
Und sitz ich vor dem Spiegel dann
Steffi Haare schneiden kann.
Mit der Bürst' und heißer Luft
der Alltagstreß auch bald verpufft.
Setzt mich ins Auto, fahre stur,
mit meiner alten, neu'n Frisur,
Nach der Tortur und ohne Pause,
komm ich dann um 3 nach Hause.
Hab dann nur noch den Satz vernommen:
„bist du denn gar nicht dran gekommen?"

Nonsens

In meinen Augen zuckt es,
immer dann wenn ich dich seh.
In meinen Händen juckt es,
streich in übern grünen Klee!
Ich kann schon nicht mehr pennen,
nach so einem langen Schlaf.
Die Zeiger so schnell rennen,
ich halt sie an für mein Bedarf.
Hört mein Ohr dich singen,
schlägt mein Herz benommen,
dann höre ich dich klingen
und laut stöhnend komm.

Wochenende

Der Samstag ist ein schöner Tag,
den wohl jeder gerne mag
Man haut sich dann mal gern aufs Ohr,
oder nimmt sich etwas schönes vor.
Immer ruhig und ganz beflissen
legst Du den Kopf in deine Kissen.
So entspannst du, ohne Sorgen
und denkst dabei sogleich an Morgen.
Was werd ich trinken, was soll ein essen,
Du hast den Einkauf glatt vergessen!
Springst du auf und gleich im nu,
ziehst du an die braunen Schuh.
Die Jacke an und raus gewetzt,
Du dich dann in dein Auto setzt.
Er springt nicht an, denkst daraufhin,
oh Schreck im Tank, ist kein Benzin!
Klopfst Du auf die Tankanzeige,
geht der Ölstand auch zur Neige!
Okay denkst Du und steigst aus,
dann bleibt das Auto mal zu Haus!
Wo ist das Fahrrad, mal überlegen,
schaust nach oben, sieht aus nach Regen.
Du atmest ein und musst mal schnaufen,
musst wohl zu Fuß, die Sachen kaufen!
Du läufst los und bist schon weit,
da verspürst Du eine Übelkeit.
Du fällst um und liegst ganz flach,
da wirst Du dann auf einmal wach.
Es war ein Traum und Gott sei dank

hast was du brauchst, schon längst im Schrank.
Ein wenig noch vom Traum benommen
kann der Sonntag dann endlich kommen.

Vergleiche

Ich bin die Schleife- und du das -band.
Du bist das Wasser, ich das Land.
Du bist der Wiener- ich die –Wurst.
Du geht's trinken und ich hab Durst.
Ich bin der Frosch- du der -König.
Du hast viel und ich hab wenig,
Ich liebe Rosen- du das -Holz.
Du trägst Hosen und ich bin Stolz.
Du bist Früh- ich das –Stück.
Du hast Pech und ich hab Glück.
Du trägst die Taschen- ich ein –Tuch.
Du bist Hoffnung und ich der Fluch.
Ich bin Matter- du das –Horn.
Du liegst hinten und ich liege vorn.
Du bist Zigeuner- ich das –Schnitzel.
Ich habe Nerven und du den Kitzel.
Ich bin die Erd- und du die –Nuss.
Du machst den Anfang, ich den Schluss!

Langsam

Ich schreibe jetzt ganz langsam,
weil ich es doch jetzt weiß,
du kannst nicht so schnell lesen,
sonst denkst du, was für'n Scheiß!
Ganz langsam und in Ruhe,
schreib ich die Worte auf,
so kannst du langsam lesen,
und bist auch besser drauf.
Jetzt muss ich mich beeilen,
der Worte mit Verdruss,
hab keine Zeit zu schreiben,
drum mache ich hier Schluss.

Altstadtfest

Altstadtfest am Wochenende,
fahren wir ins Städtle dann,
halten auf am Werksgelände
weil man dort gut parken kann.
Aufgeregt und voller Tücke,
kreisen wir die Gegend ein,
suchen wir uns eine Lücke
„man da hatten wir doch Schwein!"
Alle aus dem Auto raus,
mit Freude auf das große Fest,
geht es erst zum Schauspielhaus,
bin ja jetzt schon arg gestresst.
Mein Mann vor, die Kinder dann,
so gehen wir im Gänsemarsch.
Stell mich wie immer hinten an,
ich bin ja doch der letzte Arsch.
Das Wetter schön, die Kinder heiter,
„wir haben Durst" hör ich sie schreien.
Geht es ein paar Schritte weiter,
mit Kurs in die Kneipe rein!
Dort im dunklen ein paar Bier,
für die Kinder Apfelsaft.
Hallo Karl, was machst du hier,
ein Prost auf die Nachbarschaft.
Schimpfen wäre nun zwecklos,
ich nehme meine Kinder
und gehe dann wie teilnahmslos,
zu einem Blumenbinder.
Ich schaue mir die Sträuße an

und gar sämtliche Gestecke,
da sehe ich mein Don Juan,
merk wie ich mich erschrecke.
Die Kinder laufen nun sehr schnell,
darüber bin ich gar nicht sauer,
zu ihrem Liebling Karussell
und ich zu meinem Bauer.
Mein Mann so arg besoffen,
die Kinder noch nicht müde,
überleg ich mir ganz offen
„ich bin doch wohl nicht prüde.
(Ein paar Worte, hin und her)
(mit glühend, heißen Blicken)
(„mein Don Juan, ich kann nicht mehr!")
(wird er mich leise fi.....)
Den Kinder zu gewunken,
das Herz wird mir so schwer,
mein Mann ist so betrunken,
oh Gott ich mag nicht mehr
Doch welch ein graus
und welch ein Schreck.
Das Fest ist aus,
das Auto weg!!!

Sepia Haus

Mücken-Plage heutzutage!

Ein laues Lüftchen sich bewegt,
ne Mücke dann auf Reisen geht.
Sie schwirrt mal hin und auch mal her
und flattert auch mal kreuz und quer.
Da erspäht sie auf einer Brücke
noch eine andere Mücke.
Sie setzt auf den Armen,
leicht verhüllter Damen,
Dann saugt sie mit Übermut,
das lieblich, heiße, süße Blut.
Ist sie nach einer Weile satt
haut die Dame sie dann platt.
Okay bei Damen lässt sie es sein,
ihr fällt bestimmt was besseres ein.
Sie hat Hunger und ganz ehrlich,
ist ihr Leben sehr gefährlich.
Reißt sich zusammen und wird züchtig?
Nein, sie ist nach süßem Blut so süchtig!
Sie schwirrt weiter und überlegt,
sieht wie ein Fenster offen steht!
Fliegt ganz schnell in großer hetz,
da landet sie in einem Netz.
Von der Chemie, so sanft und fein
schläft auch diese Mücke ein.

Der Mensch

Mein Kopf, der kann denken
aber nicht alles lenken.
Meine Seele, kann fühlen
und sitzen zwischen Stühlen.
Meine Hände können massieren,
wollen Dich nie verlieren.
Mein Herz es ist so stolz,
aber es ist nicht aus Holz.
Mein Mund der kann reden
und dir 1000 Küsse geben.
Und setz ich ein Fuß vor dem andern,
dann nenne ich das wandern.
Mein Po, der sitzt sehr gerne
und manchmal grüßt er aus der Ferne!

Feinstrumpfhose

In einer klitzekleinen Dose
fand ich meine Feinstrumpfhose,
ich nahm sie raus ganz feierlich,
denn sie war ja nur für mich!
Eine Hose so klitzeklein?
Soll das wirklich meine sein?
Ich hielt sie an und unterdessen,
hab ich sie mal schnell vermessen.
Die Größe auf der Dose steht
sich mir der ganze Magen dreht.
Schau ich dann zu meinen Beinen
fang ich auch schon an zu weinen.
Ne ganze Stunde ist vergangen,
hab mich wieder eingefangen.
Ich brauche keine Feinstrumpfhose
und stopf sie wieder in die Dose!!!!

Zaubertrunk

Hex hex hex jetzt koche ich,
einen Zaubertrunk für Dich.
Ich nehm den Huf, von einem Hengst,
damit Du immer an mich denkst.
Eine bisschen Staub, aus allen Räumen
damit wirst Du, nur von mir Träumen.
Ich überleg in meinem Kopf
und schmeiße alles in den Topf.
Ein bisschen Wein ein wenig Bier,
dann führt Dein Weg, direkt zu mir.
Hex hex hex jetzt koche ich,
einen Zaubertrunk für dich.
Jetzt drei Flügel von alten Hennen,
so wird die Liebe auf ewig brennen.
Von der Spinne nur ein Bein,
ja, dann bist auch bald mein.
Rühren, rühren bis ich schwitze,
auf dem Herd bei voller Hitze
Ein wenig Salz ein bisschen Pfeffer
und die Flöh vom alten Kläffer.
Hex hex hex jetzt koche ich,
einen Zaubertrunk für dich.
Mit dem Zauberstab pürieren
und mit Zucker noch glasieren,
abgefüllt in einer Flasche,
passt Er gut in deine Tasche.
Dann sollte es Dir übel werden,
hast Du im Bauch dann die Beschwerden!

So wird Dich hier mein Fluch ereilen
und kein Doktor kann Dich heilen.
Nur noch drei Worte Dich erlösen
und Dich befreien von all den Bösen.
Drei Worte sagst du nur für mich,
die Worte sind … ….. …. !!!

Made

Jetzt sitze ich hier gerade
und esse Schokolade.
Da entdecke ich die Made,
wie sie sitzt, an meiner Wade
und bittet mich um Gnade.
„Sie schmecke doch so fade!"
Ich denke; -ach wie schade!

Internet

(Chat-Geschichten)

Glück im Chat

Gedichte die ich für dich schrieb,
die dir sagen: ich hab dich lieb!
Hab sie geschrieben, weil ich mich sehne
und mich so gerne an dich lehne.
Mein Herz ist heiß wie Lavastein,
ach könnt ich immer bei dir sein.
Ich kann nicht leben ohne dich
mein Herz es schmerzt so fürchterlich.
Du bist so weit, kann dich nicht sehen,
ich würd so gerne zu dir gehen.
Manchmal bist du mir so nah,
der Augenblick ist wunderbar!
Bei so viel Leid, es kling verrückt,
glaube ich fest; du bist mein Glück.

Internetgedicht 1

Entschuldigung wenn ich dich stör,
ich bin bestimmt kein Kontrolleur.
Hallo, ich hoffe dir geht es gut,
denn ich fasse mir jetzt den Mut,
denn weil ich nicht allein sein kann,
schreib ich fremde Männer an.
Dich anzuschreiben viel mir schwer,
nun frag ich dich, wo kommst du her?
Wie siehst du aus, was machst du hier,
trinkst du mal Wein und auch mal Bier?
Ich hoffe du bist jetzt nicht empört
und ich hab dich nicht gestört!

Internetgedicht 2

Mit 1,78 vor Dir stehen,
kann dir in die Augen sehen.
Lange blonde Haare
und immer auch ganz klare
Gras-grüne Augen,
das musst du mir glauben.
Treibe Sport und die Figur
hat auch Kurven, ich sag es nur!
Nicht zu dünn, auch nicht fett,
doch 'ne Granate dann im Bett.
Bin nicht zu alt in meinem Passe,
ansonsten bin ich Spitzenklasse

Internetgedicht 3

Ach du bist ja so gut drauf,
das ich mir die Haare rauf.
Bin ich doch hier zuweilen,
um nur nach dir zu peilen.
„Ach wie geht's dir"? Sülze und Schmalz,
falle dir auch gleich um den Hals.
Streichel, kitzel und ich kicher,
fühlst du dich bei mir gleich sicher.
Lecken, blasen und auf geilen,
muss ich mich dann auch beeilen,
um dann weiter jetzt zu gehen,
weil hier dreizehn andre stehen!
Internetgedicht 4
Die Zeit verbringen hier im Chat,
ist oftmals, denk ich, gar nicht nett.
Ohne Sinn und viel Verstand,
fließen Worte aus der Hand.
Wie heißt du und wie geht es dir,
wie siehst du aus, was machst du hier?
So werden Sprüche hier gekloppt,
und virtuell dann noch gepoppt.
Heißen Dank es war sehr schön,
würd dich gern mal wiedersehn.
Doch Morgen ist ein Andrer dran,
ich nehm doch nicht denselben Mann!

Internetgedicht 4

Die Zeit verbringen hier im Chat,
ist oftmals, denk ich, gar nicht nett.
Ohne Sinn und viel Verstand,
fließen Worte aus der Hand.
Wie heißt du und wie geht es dir,
wie siehst du aus, was machst du hier?
So werden Sprüche hier gekloppt,
und virtuell dann noch gepoppt.
Heißen Dank es war sehr schön,
würd dich gern mal wiedersehn.
Doch Morgen ist ein Andrer dran,
ich nehm doch nicht denselben Mann!

Internetgedicht 5

Du bist der Mann dem ich gehöre,
dem ich ewige Liebe schwöre.
Lustvoll gelesen was ich schrieb,
steif und dick wurd gleich dein Glied.
Hör doch wie mein Herzchen pocht.
wenn du bei mir hast eingelocht.
Lieg ich dann mit deinem Samen
bei dir im Bett, in deinen Armen,
wirst du am Ende mir dann winken
und dein Bett wird nach mir stinken.
Such ich lieber jetzt das Weite
bevor ich mich mit dir jetzt streite.
Drum mach ich jetzt die Mail hier zu
und sage dir: LAS MICH IN RUH.

Liebesschwur im Netz

Ich kam zu Dir auf leisen Sohlen,
und hab mich in dein Herz gestohlen.
Die Sonne hat den Tag gebracht,
hab nicht vergessen letzte Nacht.
Die wir verbrachten so ganz nett,
als wir uns trafen hier im Chat.
Bis 2 Uhr morgens, da wurd ich müde,
wir schreiben lang, ich war nicht prüde.
Ein versprechen, musst du mir geben,
willst du weiter mit mir Leben.
Lass beim Abschied kein Problem,
nie zwischen uns beiden stehn.
Bitte lass uns nie versäumen,
Ärger aus dem Weg zu räumen.
Denn ich weiß in meinem Leben,
sollt es doch nur Einen geben.
Den ich liebe und gehöre,
dem ich ewige Treue schwöre.
Den ich in mein Herz will schließen,
mit ihm jede Nacht genießen.
Ich fühle mich bei dir geboren.
ich hab mein Herz an dich verloren!!!

Chatliebe

Du kannst so schöne Worte schreiben,
die Sucht zu mir, gern übertreiben.
Du nennst mich jeden Abend Engel
und du bist im Chat der größte Bengel.
Du schreibst lang und immer tüchtig
ich glaub du bist nach Frauen süchtig.
Ich schreib mit dir, auch mal am Tage.
Ich liebe dich, ganz ohne Frage.
Ich weiß von Männern und deren Triebe,
doch spiele nicht mit meiner Liebe!

Chat-Treff

Wenn mein Stern am Himmel steht,
ist er niemals ganz allein,
Wenn der Tag Ihn auch verschmäht
werd ich nicht traurig sein.
Wird er dich bei Nacht verführen,
sich in dein Herz will schleichen,
dann wirst du meine Liebe spüren,
er wird stellen für uns die Weichen.
Am Tag ist er verschwunden,
doch tief in deinem Wissen,
zählst du schon die Stunden
wann wir uns endlich Küssen?
Und wenn es wieder dunkel wird,
dann wissen wir genau,
ob wir haben nun uns geirrt,
du als Mann und ich als Frau!
Mein Stern wird oben wachen,
der Schein wird uns ersparen,
es wird wohl keiner lachen,
wenn wir allein nach Hause fahren.

Ein Sommertraum

Du weißt es nicht und glaubst es kaum,
doch ich bin hier, dein Sommertraum.
Mit einem Fehler und kleiner Tücke,
bautest Du im Chat die Brücke.
Ich war kaum da, du schriebst mich an
und wusstest, ich bin ein Vulkan.
Die Brücke wird uns zwei verbinden,
so können wir einander finden.
Der Himmel jetzt uns zwei gehört,
hier im Messi, uns wohl keiner stört.
Unsere Herzen sind sehr Stolz
und gemacht aus gleichem Holz.
Unsere Seelen können reden
und sich 1000 Küsse geben.

Chatausflug

Ich konnte es nicht ahnen,
die Zukunft nicht so planen.
Ich hab die ganze Nacht,
darüber nachgedacht.
Das Licht an, das Licht aus,
schaue ich zum Käfig raus.
So wie ein Vogel frei zu sein
stieg ich in den Chat mal ein.
Ein Mann wie ein Stier,
den wünschte ich mir.
Durft nicht nur hoffen,
ich hab ihn getroffen!
Der Sätze geschrieben,
vielleicht übertrieben,
ein hin und ein her,
jetzt kann ich nicht mehr.
Kontrolliert und überwacht,
bis ganz spät in tiefer Nacht.
Dein Herz es ist so hart
und das nicht nur Privat.
Was so schön hat begonnen,
ist jetzt leider verronnen.
Ich mach den Käfig jetzt zu
dann hab ich doch ruh!
Es tut mir nicht Leid, um die schöne Zeit.

Glück im Chat

Gedichte die ich für dich schrieb,
die dir sagen: ich hab dich lieb!
Hab sie geschrieben, weil ich mich sehne
und mich so gerne an dich lehne.
Mein Herz ist heiß wie Lavastein,
ach könnt ich immer bei dir sein.
Ich kann nicht leben ohne dich,
mein Herz es schmerzt so fürchterlich.
Du bist so weit, kann dich nicht sehen,
ich würd so gerne zu dir gehen.
Manchmal bist du mir so nah,
der Augenblick ist wunderbar!
Bei so viel Leid, es kling verrückt,
glaube ich fest; du bist mein Glück.

Unerreicht

Die ganze Nacht, den ganzen Tag,
denk ich bei mir, dass ich dich mag.
Ich mag dich sehr, das weißt du auch,
doch was sagt mein Gefühl im Bauch?
Es sagt mir: „Sigrun, gib fein acht,
du wirst um den Verstand gebracht!"
Ich werd es nie, nie mehr vergessen,
wie oft hab ich vorm PC gesessen.
Doch nur getrennt und nie zusammen,
stehen unsere Herzen jetzt in Flammen.
Du bist von mir so weit entfernt
und hast es doch noch nicht gelernt.
Du weißt schon lange was ich will,
doch ich halt nicht mehr lang still.
Denn was mir jetzt am meisten fehlt,
ist keiner der mein Herz mir quält.
Dein Herz, dein Mund und deine Hände
will ich nicht nur am Wochenende!

Liebe

Für dich

Du bist der Mann der mich betört.
Du bist der Mann der mir gehört.
Du bist der Mann an dem ich mich lehne.
Du bist der Mann zu dem ich mich sehne.
Ich bin die Frau die du vermisst.
Ich bin die Frau die du nie vergisst.
Ich bin die Frau die niemals hasst.
Ich bin die Frau die zu dir passt.
Es ist der Mann der mich nur sieht.
Es ist die Frau die dich nur liebt.
Es ist die Sehnsucht die sich lohnt.
Es ist die Seele die in uns wohnt.
Es ist das Glück was uns beschert.
Es ist mein Herz was dich begehrt.
Es ist die Leidenschaft die spricht.
Es ist die Liebe die niemals bricht.

ICH

Ich möchte dich nicht stören.
Ich möchte dir gehören.
Ich möchte bei dir liegen.
Ich möchte mit dir fliegen.
Ich möchte mit dir schweben.
Ich möchte bei dir leben.
Ich möchte dich jetzt gerne,
Küssen aus der Ferne.
Ich möchte bei dir kochen,
Dein Herz soll für mich pochen.
Ich möchte dich jetzt lieben,
Findest du das übertrieben?

UNSERE ZEIT

Wäre ich ein Tiger mit scharfen Krallen,
würd ich vor dir wachen.
Würd nie aus Angst zusammen fallen,
wenn andre drüber lachen!
Wär ich ein Baum, so stark und groß,
würd dir Schutz und Schatten spenden.
Würd dir zeigen meinen Schoss,
doch immer nur für deine Lenden!
Wär ich ein Haus aus Schutt und Stein,
du müsstest bei mir wohnen.
Dann bliebest du nie lang allein,
ich würd dich auch nicht schonen!
Wär ich ein Ball der so hoch springt,
ich würde zu dir rollen,
Weiß dass er große Liebe bringt.
wir müssen es nur wollen!
Ach wär ich doch jetzt deine Uhr,
könnt ich schon bei dir sein.
Verbunden mit dir an einer Schnur,
dann wärst du nie allein!
Und wäre ich ein stolzer Pfau,
mit einem Rad, so groß und weit,
dann weiß ich doch jetzt ganz genau,
wir treffen uns,
in UNSERER ZEIT !

Aus lauter Liebe

Nach langer Zeit der Einsamkeit,
haben wir uns jetzt gefunden,
nun hoffen wir auf Zweisamkeit
und viele schöne Stunden.
In meinem Herzen scheint die Sonne,
und ich werd von ihr gebräunt
erfüllt es gleich mein Herz mit Wonne
wenn du bei mir bist mein lieber Freund
Das Schönste was ich dir kann geben,
auch wenn es manchmal anders scheint,
ein großes Stück, aus meinem Leben,
ich bin doch gern, mit dir vereint.
Mein Herz lasse ich zu dir treiben,
auf kleinen Wolken, Stück für Stück
-ICH LIEBE DICH- in den Himmel schreiben
das ist für uns das größte Glück.

Liebessprache

Ein Bild von uns, das könnt ich malen
mit vielen Farben feierlich,
es könnte nie ein Mensch bezahlen,
denn es wäre nur für Dich.
Ich würd für Dich ein Liedchen singen,
in meiner schönsten Melodie,
es würd in Deinen Ohren klingen
und in Deiner Phantasie.
Das schönste Essen würd ich kochen,
es würd den Tag uns krönen,
Du lässt mein Herzchen ganz schön pochen,
ich mag nur Dich verwöhnen.
Die Sehnsucht meine Seele treibt,
zu einem Kuchen, namens Glück,
mir wohl nichts andres übrig bleibt,
wünscht ich mir, ein kleines Stück.

Stück von Deinem Herz

Du bist da, wenn ich Dich brauch,
du hältst mich fest, lässt mich nicht los,
die Sehnsucht und ein kleiner Hauch,
macht unsere Liebe wirklich groß.
Du hast Dich in mein Herz geschlichen,
ganz heimlich still und leise,
ich bin auch nicht zurück gewichen,
in meiner Art und Weise.
Du bist mein Retter in der Not,
ach wenn es doch so bliebe,
du bist für mich wie Zuckerbrot,
ich brauche deine Liebe.
Ich habe Dich bei mir gefunden
und zähle jetzt die Stunden kaum,
so möchte ich Dir hier bekunden,
ich bin und bleib Dein Sommertraum.
Du bist der Stern am Himmelszelt,
stehst hoch oben, so ganz allein,
ich möchte nur auf dieser Welt,
ein Stück von Deinem Herzen sein.

Drei Worte…

Drei Worte nur, will ich dir sagen,
drei Worte die mich täglich plagen
und manchmal geht es mal rund,
drei Worte machen dich Gesund.
Drei Worte die auch mal verpflichten,
drei Worte die manchmal schlichten,
die Worte und ein bisschen Zeit,
dann fühlst du Glück, Geborgenheit.
Drei Worte die wir fast vergessen,
drei Worte die auch unterdessen,
in unser Herz geht, wie ein Stich,
drei Worte nur: ICH LIEBE DICH!
Drei Worte mich den Tag begleiten,
drei Worte mich dann zu dir leiten.
Drei Worte die ich in mir trage.
Drei Worte stellen nichts in Frage.
Drei Worte meine Seele lacht
Drei Worte sagst du, in der Nacht
Drei Worte bringen uns das Glück
Drei Worte geb ich gern zurück.
Drei Worte können so gut klingen.
Drei Worte lässt die Herzen springen.
Die Worte sag ich feierlich
Drei Worte nur: ICH LIEBE DICH!
Drei Worte haben mich verzückt,
die Worte machen dich verrückt.
Die Worte die so oft geschrieben,
drei Worte sind nie übertrieben.

Drei Worte, ja, die jeder weiß,
die Worte machen viel heiß.
Drei Worte lassen Sterne glühen
und auch mal alle Blumen blühen.
Drei Worte die mich zu dir bringen.
Die Worte die wir oftmals singen.
Drei Worte die kein Alter kennen.
Die Worte können Frust verbrennen!
Drei Worte kennst du sicherlich,
die Worte sind's: ICH LIEBE DICH

Ich will Dich

Ich will Dich ganz, mit Haut und Haaren,
schmieg Dich ganz eng am mich ran
und schon bald werden wir erfahren,
das es nichts schönres geben kann.
Lieb mich nicht nach einer Regel,
drück mich einfach fest an Dich.
Lieb mich wie ein Prinz, ein Flegel
oh mein Gott, ich sehne mich.
Es wär viel schöner noch als fliegen,
ich bin in Trance von Dir gebannt,
wenn wir bald zusammen liegen,
ist es wie im Wunderland.

Liebestraum

Ich lieg im Bett so ganz allein,
ach könnte ich jetzt bei Dir sein.
Ich denk an Dich und schließ die Augen
und kann es manchmal gar nicht glauben.
Ich bin bei Dir, so in Gedanken,
Du öffnest für uns alle Schranken.
Ich höre meinem Herzen zu,
in meinem Herzen bist nur Du.
Bei Dir da komme ich zur Ruh,
hör Deinen lieben Worten zu.
Sind Deine Lippen dann nicht weit,
mach Dich auf nen Kuss bereit.

Stille Zeit

Ich setz mich hin und mag dir schreiben
und mir so die zeit vertreiben.
Ich habe nie im Traum gedacht
das schreiben mich mal glücklich macht.
Ich hör die Vögel, wie sie singen,
woll'n sie mir das Glück heut bringen?
In meinem Kopf da bist nur Du,
ich hoff Du lässt mich nie in Ruh.
Ich bin für Dich der Sonnenschein
Strahl mitten in dein Herz hinein.
Und wenn ich meine Augen schließe,
ich die Zeit mit dir genieße.

Wolke7

Eine Wolke war, so klitzeklein,
die wollt was ganz besonderes sein.
Sie flog herum und wurde dicker
und auch von außen wurd sie schicker.
Sie flog vor kurzen, zu uns beiden,
wir mochten sie auf Anhieb leiden.
Hast sie gefangen, mit deinen Armen,
als wir endlich zusammen kamen.
Wir wollen uns für immer lieben,
wir nenne sie jetzt, **Wolke 7** !

Neubeginn

Komm raus aus dem Tal der Tränen,
seh den Leuchtstreifen in der Nacht.
Ist es Torheit sich zu sehnen?
Hol sie wieder, deine Macht!
Du kannst das Feuer neu entfachen
mit deiner Energie, du alles schaffst.
Kannst du über mich dann wachen?
Dann kommt sie wieder, deine Kraft!
Allein brauchst du nicht frieren,
jetzt kannst du neu beginnen.
Es gibt nichts mehr zu verlieren,
du kannst jetzt nur gewinnen!!!

Haut an Haut

Die Luft sie knistert hier im Raum,
du liegst wach, es ist kein Traum.
Ich mag nur deine Hände spüren,
du darfst mich jederzeit verführen.
In einem Bett aus Tausend Kissen,
werden wir uns nie vermissen.
Vergessen sind bald Raum und Zeit,
dann ist es auch für uns soweit.
In deinen Augen ich dann blicke,
ich mein Verlangen zu dir schicke
und werden wir auch manchmal laut,
dann spüren wir uns, Haut an Haut.

Schönes Leben

Wenn die Sonne mal nicht scheint
und der Himmel ganz doll weint,
möcht ich in Deinen Armen sinke
und mit Dir im Glück ertrinken.
Wenn Du denkst es geht nicht mehr,
kommt von irgendwo ein Lichtlein her.
Wenn Du glaubst, Du hast verloren,
wird ein neuer Stern geboren.
Als Funken kamst du in der Nacht
und hast die Hoffnung mir gebracht.
Hier lieg ich nun, auf Wolke sieben
und möchte dich für immer lieben.
Du bist mir wichtig,
ich will bei Dir sein!
Alles andere ist nichtig,
denn Du zählst allein!!!

Es ist wie es ist

Es ist das Feuer ohne Qualm
und die Wiese ohne Halm.
Es ist ein Wald ganz ohne Bäume.
Es ist die Nacht auch ohne Träume.
Es ist ein Brennen ohne Flamme.
Es ist ein Stürzen ohne Schramme.
Es ist ein Schlag ohne Gewalt.
Es ist die Liebe ohne Halt!
Es ist ein Haus ohne Zement
und eine Mode ohne Trend.
Es ist ein Kreuz und auch mal Quer
und ein Essen ohne Verzehr.
Es ist ein Radio ohne Sender
und doch ein Tag in dem Kalender.
Es ist das Drängeln ohne Geschiebe.
Es sind Gefühle, die nennt man Liebe!

Kraft

Ich bin die Sonne, die für dich scheint
und auch die Wolke, die für dich weint.
Ich bin der Schirm, der Dich beschützt.
Ich hab die Kraft die Dir nützt.
Ich bin der Wind, der für Dich weht
und auch die Zeit, die mit dir geht.
Ich hab den Geist, der Dir gefällt
und auch die Hoffnung, auf dieser Welt.
Ich bin der Frühling, mit lauer Luft
und auch der Narr, der Dich mal knufft.
Ich bin die Seele, die Dich berührt
und auch die Hand, die Dich mal führt.
Ich bin der Mast, auf deinem Schiff,
ein Edelstein, noch ohne Schliff.
Ich bin der Fels, in unserem Meer
nach gutem Essen, Dein Dessert.
Ich bin die Sehnsucht, die Dich bewegt.
Ich bin das Herz, das in Dir schlägt.

Noch einmal…

Noch einmal deinen Blick erhaschen,
einmal in deinen Armen liegen.
Einmal von deinen Lippen naschen,
mit dir die ganze Welt besiegen.
Noch einmal darfst du mich berühren,
einmal noch dies Gefühl im Bauch.
Einmal die ganze Sehnsucht spüren.
Ich weiß du fühlst es in dir auch.
Noch einmal werd ich fällig sein?
Noch einmal hörst du dann mein schreien.
Einmal noch diesen starken Drang
noch einmal ganze Nächte lang!

Sehnsucht

Sehnsucht ist nicht Schokolade,
schmeckt sie doch zuweilen fade!
Sehnsucht haben ist eine Gnade,
die ich noch nicht lange habe!
Als wir haben uns gefunden,
schrieben wir nur ein paar Stunden.
Wollten uns auf Bildern sehen
doch dann war's um uns geschehen.
Du zeigtest mir was Sehnsucht ist
und das man nie jemand vergisst!
Sehnsucht lag in deinen Armen,
als mir die Gedanken kamen.
Sehnsucht nur nach deinen Lippen
um den Honig da zu nippen.
Sehnsucht auch nach meinen Knospen,
um von ihnen mal zu kosten.
Sehnsucht ist wie eine Leiter,
Sehnsucht treibt uns beide weiter.
Sehnsucht ist kein stummes flehen
Du musst doch nur den Sinn verstehen.
Sehnsucht ist kein schlimmer Feind!
Die Sehnsucht hat uns zwei vereint!!!

Herzschmerz

Es ist so öd und auch so leer,
denn ich vermisse Dich so sehr.
Ich kann nicht mehr klar denken
und wie die Küsse zu dir lenken?
Ich streun' herum und in Gedanken,
kennt die Sehnsucht keine Schranken.
Mein Herz es pocht und wird so schwer,
die Liebe schwimmt im großen Meer.
Ich fühle mich bei dir geboren,
ich hab dich für mich auserkoren.
Hab dich doch in mein Herz geschlossen,
so manche Tränen sind verflossen.
Aus Sehnsucht und aus lauter Liebe,
die schöne Zeit und unsere Triebe.
Jetzt sitz ich hier, was mach ich nun,
kann ich für dich denn gar nichts tun?

Vergessen

Kann nicht mehr lachen, denken, essen,
hast du mich wirklich schon vergessen?
Sehnsucht quält, tagaus, tagein
ich fühle mich total allein.
Hab überlegt und schon seit Tagen
wollt ich dich noch einmal fragen:
Mein Herz es ist wie Blei so schwer,
liebst du mich denn gar nicht mehr?
Irgendwie ich kann's nicht fassen,
fühl ich mich von dir verlassen.
Selbstbewusst und immer rege
gehe ich jetzt meine Wege.

Nicht vergessen

Hab mich erwischt, wie ich mich störe,
und unser Lied so gerne höre.
Ich weiß es nicht, was ist geschehen,
will immer nur zu dir hin gehen.
Doch leider bin ich schon frustriert,
das nichts dergleichen hier passiert.
Du bist nicht da und ohne gleichen,
muss ich dann nach Hause schleichen.
Wirst du mich dafür auch hassen?
Werden wir zusammen passen?
Wirst du den Kontakt aufgeben?
Und wohl alleine weiterleben?
Ich hoffe ich mach mich nicht zum Narren
und schiebst mich weg wie einen Karren.
Ich hoff ich mach dich nicht nervös
und du bist mir auch nicht bös.

Die Sucht

Die Sucht nach Dir, lässt mich nicht los,
sie sitzt im Hals, so wie ein Kloß.
Die Sucht, ich kann sie nicht beschreiben.
Die Sucht, sie lässt mich manchmal leiden.
Die Sucht nach Dir, du lässt mich schweben.
Die Sucht nach Dir, die lässt mich leben.
Die Sucht nach Deinen zarten Händen.
Die Sucht nach Deinen starken Lenden.
Die Sucht nach Dir, nichts zu versäumen.
Die Sucht, sie lässt mich ständig träumen.
Die Sucht sie zieht mich zu Dir hin,
Du gehst mir nicht mehr aus dem Sinn.
Die Sucht mit Dir, ein Bett zu teilen.
Die Sucht nach Dir,
kannst du mich heilen?

Zauberspruch 123

Wenn Du Nachts im Bettchen liegst
in deinen Träumen zu mir fliegst,
dann wünsche ich Dir,
schöne Träume von mir.
Träume, wenn wir uns lieben bis zur Ekstase,
Träume die wir erleben in jeder Phase.
Die Nacht voller Leidenschaft und Gier,
das es dich immer wieder zieht zu mir.
Dich immer wieder an mich kuscheln,
darfst Du durch meine Haare wuscheln.
Mit Händen meine Haut berühren
und es tief in Deinem Herzen spüren.
So träume davon bei Nacht und bei Tag,
ich wünsche es Dir, weil ich dich so mag.
Damit die Sehnsucht in dir dringt
und Dich in meine Arme bringt.
Hex Hex Hex

Loslassen

Die Sucht nach Dir ist nicht mehr da
und langsam wird mir endlich klar,
es war ein Rausch meiner Gefühle
und jetzt spür ich diese Kühle.
Kein Wort von dir war ernst gemeint,
drum habe ich auch so viel geweint.
Du hast gespielt mit meiner Liebe,
mit meiner Seele, Herz und Triebe.
Es ist der Zorn, die Wut die schmilzt,
drum mach ab heute was du willst!
Ich bin jetzt frei und kann nur hoffen,
das mein Herz bald wieder offen,
für einen Mann der mir gefällt
und der mich nicht zum Narren hält.

Trauriges

Ciao alte Liebe

Die Sucht nach Dir ist nicht mehr da
und langsam wird mir endlich klar,
es war ein Rausch meiner Gefühle
doch jetzt spüre ich die Kühle.
Kein Wort von dir war ernst gemeint,
drum habe ich auch so viel geweint.
Du hast gespielt mit meiner Liebe,
mit meiner Seele, Herz und Triebe.
Es ist der Zorn, die Wut die schmilzt,
mach doch ab heute was du willst!
Ich bin jetzt frei und kann nur hoffen,
das mein Herz bald wieder offen.
Für einen Mann, der mir gefällt
und der mich nicht zum Narren hält.

Ein Alptraum

Auf meinem Weg durch Zeit und Raum
da traf ich Dich in meinem Traum.
Ein Mann aus Fleisch und auch aus Blut
Ich wusste gleich, Du tust mir gut.
In meinem Herz und Phantasie,
hab ich geträumt, so wie noch nie.
Wie eine Droge, so war mein Traum,
lag ich im Nest, auf einem Baum.
Auf Wolke 7 haben wir gesessen
und die reale Welt vergessen.
Es wär' für mich noch immer schön,
könnt ich dich, doch einmal sehen!
Du liebst die Zeilen die ich schrieb?
Hast mir geschworen, Du hast mich lieb!
Doch alles das, was du geschworen,
gingen durch Lügen, dann verloren.
Jetzt wach ich auf und mir wird klar,
Du warst für mich, nie wirklich da!!!

Geträumt

Geträumt auf ein Leben zu zweit,
das Lachen, der Frohsinn erschienen nie weit!
Wir hatten uns recht schnell gefunden,
es waren meine, JA, "schönsten Stunden".
Gefühle sie brachten uns doch so nah
und nachts wusste ich was geschah.
Ich fühlte mich wohl, in Deinen Armen
und meine Sucht kannt' kein Erbarmen.
Ich hatte von mir zu viel erzählt
und weißt Du, was mich heute so quält?
Alles erlebt und nicht versäumt,
hab ich das alles doch nur geträumt???
Es war ein Anfang ohne Start;
es war so schön und doch so hart.
Es war ein Laufen auf der Stelle
und ein Mauern ohne Kelle.
Es war die Sucht und ein Verzicht,
ich gab Gefühlen zu viel Gewicht.
Ich war vor lauter Liebe so blind,
schob guten Rat, gleich in den Wind.
Es war ein Jucken ohne kratzen.
Es waren Träume, die jetzt zerplatzen!!!

Trennung

Unsere Ehe hat begonnen,
als du mich hast zur Frau genommen.
Ich die Frau und du der Mann,
damit fing das Drama an.
Schaffen tust du immer tüchtig,
bist nach Arbeit ja so süchtig.
Gehst mit mir sogar mal Essen,
doch was mal war, hast du vergessen.
Selbstbewusstsein und das Glück,
zogen sich bei mir zurück.
Ich schaue nach, in meinem Herzen,
doch da find ich nur noch Schmerzen.
Nicht die Liebe auf der Welt,
kaufst du dir, mit deinem Geld.
Glück wofür man kein Geld brauch,
verschwand bei uns im dicken Rauch.
Wenn ich sitz in meinem Loch,
frage mich: liebst du mich noch?
Doch jedes Mal, war es so weit,
du hattest für mich keine Zeit.
Hast mich immer klein gemacht,
und selber nur dein Ding gemacht.
Und muckte ich auch manchmal auf,
hautest du verbal gleich drauf.

Hab dich gebraucht, an manchen Tagen,
ich kam zu Dir, mit meinen Fragen.
Hast meine Sehnsucht nicht erkannt
bist vor mir gleich weg gerannt.
Hier nun, zwischen all den Stühlen
kann ich keine Liebe fühlen.
Was ich doch so dringend brauch,
sagt mir mein Gefühl im Bauch.
Die Ehe lief uns aus dem Ruder,
seit langer Zeit, bist du mein Bruder.

Vergangene Liebe

Hoffnungslos, das Warten auf Liebe,
die ich so lange ersehne.
Hoffnungslos, das was noch bliebe,
wenn die Zeit sich dehne!
Gnadenlos, in die Dunkelheit getrieben,
von der Einsamkeit.
Gnadenlos, das Verlangen zu lieben,
und nach der Zweisamkeit.
Hoffnungslos, das Denken und Fühlen,
das Spiel mit dem Feuer.
Hoffnungslos, die Seele aufwühlen,
wie ein Meerungeheuer.
Gnadenlos, die Hetz nach dem Licht,
die Sterne zu fangen.
Gnadenlos, kein Ende in Sicht
und die Liebe vergangen???

Liebespein!

Das Tal der Tränen, ist mein zu Haus
und langsam geht das Licht hier aus.
Es wird so kalt in meiner Seele,
es schnürt mir zu, schon meine Kehle.
Ich bin nicht krank, es ist kein Fieber,
die Sucht nach Dir, kommt immer wieder!
Die Sucht nach Dir, ach lass mich sterben,
die Sucht, sie stürzt mich, ins Verderben.
Du meinst es gut und meinst es ehrlich,
doch wird es Dir steht's zu gefährlich!
Du fühlst in Dir die fremde Macht,
entfernst Dich von mir stetig, sacht!
Ich hoff die Macht, kannst du besiegen,
dann können wir uns endlich lieben.
Ich steh hier, einsam und allein,
frage mich ständig, muss das sein?
Ist es vorbei? Ich weiß es nicht!
Tränen hab ich, im Gesicht!
Ein Haufen Nichts, alles zerbrochen,
hast mitten in mein Herz gestochen!
Ein Haufen Nichts, auf heißen Stein,
ich leide Qualen, ja Liebespein!

Vergangen

Ich war das Wesen aus Deinem Traum
und zog mit Dir durch Zeit und Raum.
Ich war die Seele, hab Dich berührt
und Dich zu Deinem Stern geführt.
Der Wegweiser zu Deinem Licht,
nur Du, JA DU, Du sahst mich nicht.
Ich war das Leben und die Liebe
und hoffte, dass es auch so bliebe.
Du fühltest Dich bei mir geborgen,
ich nahm Dir alle Angst und Sorgen.
Ich war die Hoffnung jede Nacht,
doch was hast Du aus mir gemacht?
Ausgesaugt und noch gequält,
es hatte nur Dein ICH gezählt.
Wertvoll so wie ein Diamant,
doch Du, Du hast es nicht erkannt!
Jetzt hast Du Ihn verloren
und die Flammen sind erfroren.
Nun ist Er fort für alle Zeit
und eine Kälte macht sich breit.

Nur mit Dir

Vors Gesicht, halt ich die Hände,
denn nervlich bin ich jetzt am Ende.
Voller Tränen, die Augen nass,
gequält, verletzt und das so krass!
Ich war so blöd und auch naiv,
das ich manche Nacht nicht schlief.
Jetzt stell ich fest, das schon seit Tagen,
und muss mich immer wieder fragen,
ich weiß nicht, ob es klingt vermessen,
aber:" bist du auf mich versessen?"
Siehst Du nicht wie ich mich quäle,
wie sie krank wird, meine Seele?
Ich möchte doch nur hier auf Erden,
mit einem Menschen glücklich werden.
Hab mich erwischt, wie ich mich störe
und immer unser Lied anhöre.
Ich möchte jetzt Dein Herz berühren
und wieder einmal Liebe spüren.
Ach mein Herz es ist am weinen,
es möchte sich mir Dir vereinen.
Ich möchte lieben, lachen, singen,
ich möcht das Leben mir Dir verbringen.
Ich spür es, bis im großen Zeh,
warum tut Liebe nur so weh!

Tränen

Tränen, die schreien, „ICH BRAUCHE DICH!!!"
Tränen, die bitten "verlass mich nicht!
Tränen, die über die Wangen rinnen,
aus meinem Herzen nach außen dringen.
Tränen, aus Enttäuschung geweint.
Tränen, über Sachen, die nicht so gemeint.
Tränen, der Hoffnung und aus Liebe,
glücklich sein und das es so bliebe.
Tränen, des Lachens, voll aus dem Herzen.
Tränen, der Seele, aus Pein und aus
Schmerzen.
Tränen, sie fließen so langsam wie Blut
wir beide wissen, es tut uns nicht gut.
Tränen, sind salzig und auch so nass.
Tränen, geweint aus Liebe und Hass.
Tränen, aus Sehnsucht schmelzen daher
es sind ach so viele, sie füllen ein Meer
Doch würden all diese Tränen,
von mir nicht geweint,
hätt' ich's mit Dir auch nicht ehrlich gemeint!

Verliebt

Hab mich verliebt, weiß nicht in wen,
ob es ihn gibt, werd ich Ihn sehn?
Er schreibt mir täglich, ich kann ihn spüren,
die Sucht, unsäglich, ihn zu berühren.
Hab mich verloren, in meiner Liebe
und neu geboren, sind meine Triebe.
Mich zieht' s zu Dir und immer wieder,
weckst meine Gier und haust mich nieder!
Weiß nicht weiter, wohin ich soll,
steh auf der Leiter, ganz Hoffnungsvoll.
Ich weiß es nicht, hab keinen Schimmer,
aus geht das Licht in meinem Zimmer.
Kann nicht lachen, trinken, essen
kann nur wachen, dich nie vergessen.
Nun sitz ich hier, einsam, allein,
wünscht mich zu Dir, möcht bei Dir sein.

Der Traum

Auf meinem Weg durch Zeit und Raum,
traf ich Dich in meinem Traum.
Ein Mann aus Fleisch und auch aus Blut.
Ich wusste gleich, Du tust mir gut.
In meinem Herz und Fantasie,
hab ich geträumt, so wie noch nie.
Wie eine Droge so war mein Traum,
lag ich im Nest, auf einem Baum.
Auf Wolke 7 haben wir gesessen
und die reale Welt vergessen.
Wäre es für mich doch schön,
könnt ich dich, doch einmal sehn!
Du liebst die Zeilen die ich schrieb?
Hast mir geschworen, Du hast mich lieb!
Doch alles das, was du geschworen
gingen durch Lügen, dann verloren.
Jetzt wach ich auf und mir wird klar,
Du warst für mich, nie wirklich da!!!

Geträumt

Geträumt, auf ein Leben zu Zweit,
das Lachen, der Frohsinn erschienen nie weit!
Wir waren recht schnell verbunden,
es waren meine, JA, "schönsten Stunden"
Gefühle sie brachten uns doch so nah
und jede Nacht wusst ich was geschah.
Ich fühlte mich wohl, in Deinen Armen
und meine Sucht kannt' kein Erbarmen.
Ich hatte von mir zu viel erzählt
und weißt Du, was mich Heute so quält?
Alles erlebt und nicht versäumt,
hab ich das alles doch nur geträumt???
War ein Anfang ohne Start;
es war so schön und doch so hart.
Ist es ein Laufen auf der Stelle
und ein Mauern ohne Kelle?
Es ist ne Sucht und ein Verzicht,
ich gab Gefühlen zu viel Gewicht.
Ich war vor lauter Liebe so blind,
schob guten Rat, gleich in den Wind.
Es war ein Jucken ohne kratzen.
Es waren Träume, die jetzt zerplatzen.

Erwacht

Gefühle schreiben, jede Nacht,
doch Gott sei Dank, bin ich erwacht.
Jetzt bin ich wach, kann es kaum glauben,
du wolltest mir mein Herzchen rauben.
Du flüsterst mir ganz leis ins Ohr
mir kam es fast wie Liebe vor.
Weißt du eigentlich was Liebe ist?
Wie sehr man jemanden vermisst?
Alles von mir, hast du besessen,
das kannst du jetzt gepflegt vergessen.
Geglaubt hab ich dir jedes Wort,
doch jetzt bin ich für immer fort.
Jetzt schau mich doch mal richtig an,
ich glaub nicht mehr an den Weihnachtsmann.
Hab meine Seele aufgeräumt,
mit dir ein ganzes Jahr geträumt.
Ein Jahr lang hab ich dir verziehen,
du hast mein Herz nur ausgeliehen.
Ich gab dir Zeit, ein ganzes Jahr,
nun bin ich wirklich nicht mehr da!
Brauchst nicht bitten, oder flehen,
wirst mich nur noch von hinten sehen.
Nun kannst du lachen, dich betrinken,
ich werd dir aus der Ferne winken.
Jetzt ist der ganze Spuk vorbei
und mein Herz ist endlich frei

Orchideen

Alles verloren?

Soviel Herzschmerz ich erleide,
mich heut mal in Schwarz einkleide.
Meine Seele, war für dich offen
und ich konnte nur noch hoffen,
das du endlich einmal spürst
und mich auf deine Wolke führst.
Ich bin gestolpert und gefallen,
wollt mich noch einmal an dir krallen,
ich griff ins Leere und ich fiel,
du meintest wirklich, dass ich spiel?
Oh nein, die Liebe ist mir wichtig
und ich fand es auch nicht richtig,
was ich getan, die letzte Nacht,
hab uns um den Schlaf gebracht.
Jetzt sitz ich hier, schau in den Garten,
und werde auf ein Zeichen warten!

Düsteres

Höllische Gedanken

Der nächste Tag die nächste Nacht
und wieder ist es bald vollbracht
Alle bösen Geister sitzen, hier in meinem Keller.
Schauen mir zu aus allen Ritzen,
mir dreht sich's immer schneller.
Wie haben sie mich hier gefunden,
kann nicht nach draußen gehen.
Seit Tagen haben Sie mich geschunden,
ich will sie nicht mehr sehen!
Der Herr der Finsternis erwacht,
will Er mit mir nur üben?
Kommt zu mir nicht in der Nacht,
bin ich denn bald schon drüben?
Immer weiter, immer fort, will er mit mir gehen.
Ich weiß nicht mehr zu welchem Ort
wir bald zusammen stehen.
Bin steht's allein und meine Kraft,
fließt nun in die Hölle rein.
Fühl mich ausgesaugt, dahin gerafft,
musste es jetzt wirklich sein?

Die Zeiten, nein, kann ich nicht wählen,
sie kommen so wie Er es will.
Kann mich nur alleine quälen
und ich halte auch noch still!
Dann werde ich kein Sarg mehr brauchen,
wenn ich erst einmal nicht mehr bin.
Dann werden die Kamine rauchen
und ich schweb über euch dahin.
Gedanken einer Ehefrau
Die Hölle auf, der Tag beginnt,
nur eine hier die wirklich spinnt,

Die Sitzung

Immer wenn der Tag erwacht
und vorbei die lange Nacht,
ist dann mein erster Wille,
eine Sitzung in der Stille.
Wenn ich auf meiner Brille sitze,
kräftig drück, dabei auch schwitze,
leg ich den Kopf dann auf die Hand
und schau das Muster an der Wand.
Es drückt der Darm und unterdessen,
hab ich doch irgendwas vergessen.
Ach wie schön wär es gewesen,
könnt ich jetzt die Zeitung lesen.
Die warme Luft mir dann entfleucht,
den kleinen Raum hier ganz verseucht.
Ein drücken, ein bücken,
das ziehen im Rücken
und dann ein entzücken!
Wenn Nebelschwaden ziehen vorbei,
liegt unter mir das Kuckucksei!

ICH !!!

Als Engel bin ich hier gelandet.
Als Bengel bin ich nun gestrandet.
Als Ärztin meinen Mann versorgen,
das er lebe nur bist übermorgen.
Als Hausfrau meine Pflicht erfüllen.
Als Witwe mich in schwarz einhüllen.
Als Fee werde ich dann wieder gehen
und als Hexe auferstehen.
Schau ich in den Spiegel dann,
sehe ich dann keinen Mann!
Der mich beschützt vor allen Sorgen,
der mich auch liebt bis übermorgen!
Ein Mann, ein Bär, so stark, so groß,
bewacht er nicht mehr meinen Schoss!!!

Gibt es dich?

Warum nur finde ich kein Glück,
jetzt steh ich auf der Leiter.
Zieh mich langsam jetzt zurück,
ich weiß auch nicht mehr weiter!!!
In einer dunklen Kiste nun,
und über kreuzt die Finger,
lieg ich und kann nichts mehr tun,
euch sehen will ich nimmer!!!
Sie nagen an mir, ich spüre es jetzt,
Sie feiern mit mir, ein rauschendes Fest!!!
Sie nagen an Beinen, sie nagen an Hände,
ich mag nicht mehr weinen, dem Wahnsinn ein
Ende!!!

Allein gelassen

Schutzlos und in meinem Herzen,
fühlte ich nur diese Schmerzen
und mit der Zeit verschwand,
deine ausgestreckte Hand.
Allein gelassen auf weiter Flur,
höre ich MEIN atmen nur.
Allein gelassen und in Gedanken,
überwinde ich bald alle Schranken!

Das Loch

Es öffnet sich ein großer Schlund,
Dämonen reichen mir die Hand,
mein Herz es schlägt sich wild und wund,
steht mit dem Rücken an der Wand.
Mich zieht es tief hinein ins Loch,
die Arme hoch, ein HILFSCHREI,
ich spüre jetzt, mein Blut es kocht
und hoffe es ist schnell vorbei.
Bis ganz tief, ja auf dem Grund,
bin ich angekommen.
Bin ich wirklich noch gesund,
hab Pillen doch genommen.
Es sitzt so tief in meiner Seele,
wenn ich allein bin hier im Haus,
Es schnürt mir zu erst meine Kehle,
dann ist es auch mit denken aus.

Sonnenblume

Erinnerung

Bin keine Fee und auch kein Engel,
hätte ich dich sonst getroffen?
Bin manchmal Hex und auch mal Bengel,
nichts verschwiegen immer offen.
Ich weiß du hast es schon vergessen,
es ist auch eine Weile her,
nichts wird so heiß gegessen,
doch leider weißt du es nicht mehr!!!
Ich versuch mit dir sprechen
um mein Schweigen dann zu brechen.
Werde ich mich lange quälen,
um deine Nummer gleich zu wählen?
Nur am Telefon da gibst du ruhe,
denn dann hörst du mir mal zu.
Nur Antworten finden wir keine
und wieder bleibe ich alleine.

Der Sprung (oder nicht?)

Auf einer Brücke ich jetzt stehe,
mich beug und in die Tiefe sehe
sehe ganz unten viele Leute,
es ist so nass und regnet Heute.
Der Weg hier her,
war nicht so schwer.
Ich laufe schon seit vielen Stunden
und hab die Stelle hier gefunden.
Zieh jetzt Bilanz aus meinem Leben,
es ist vorbei, so ist das eben.
Hab gestern noch ein Freund getroffen,
mit ihm die ganze Nacht gesoffen.
Der Regen fällt mir ins Gesicht,
soll ich jetzt springen oder nicht?
Mir ist so übel, jetzt geworden,
ich glaub ich springe, lieber Morge

Abschied von einem Freund
(Seelenwanderung?)

Der Tod ist jetzt zu dir gekommen
und hat dich einfach mitgenommen.
Die Krankheit hat dich nun besiegt,
doch ich, ich habe dich geliebt!
Hast mir gezeigt was Sehnsucht ist
und das man nie jemand vergisst.
Ich weiß, die Liebe, die kann schmerzen,
ich trage Sie in meinem Herzen.
Der Tränen sind so viel geflossen,
hab dich doch in mein Herz geschlossen!
Du schliefst mit meinem Namen ein,
ich glaub, es musste wohl so sein.
Ich weiß, du wünschtest mir das Glück
und kommst als anderer Mann zurück.
Du hattest mir mal fest geschworen,
du wirst als neuer Mann geboren.
Dann wirst Du mir das Glück bald bringen
und unsere Herzen werden schwingen.
Ich danke Dir für diese Zeit,
ich halte mich für Dich bereit!

Flucht

Der Tod, er will mich führen
langsam in sein Reich.
Der Tod, er will mich spüren
nicht nachher, sondern gleich!
Ich fahre ich schon seit Stunden,
auf dunkler, nasser Bahn,
hab mich endlich überwunden,
kann nicht mehr nach Hause fahr'n.
Die Straßen leer und auch die Gassen,
ein dicker Nebel zieht vorbei,
der Tod ist nah, ich kann ihn fassen,
denn mein Herz, es brach entzwei.
Der Tränen sind so viel geflossen,
die Augen kalt und leer der Blick,
ich habe mich dafür entschlossen,
ich komme nie, nie mehr zurück!
Nun bin ich froh, ich bin jetzt weg,
du kannst drei Kreuze machen.
Werd nicht behandelt, mehr wie Dreck,
werde woanders bald aufwachen.
Würd ich dem Tod entkommen,
würd mein Herz mich treiben?
Wird mein Herzschmerz auch genommen?
Bei diesem Menschen, würd ich bleiben!!!

Bilder von Sigrun Thiel

Alle Bilder in diesem Buch sind käuflich Sie
können sie (**alles Unikate** handsigniert)
erwerben. Bei Interesse wenden Sie
sich an **Libris Edition / Chrobog
Mannheimer Str.26, 04209 Leipzig.**

Wir senden Ihnen gerne auf Wunsch eine
Preisliste der Bilder, incl. die Bilder in
Postkartenformat zur Auswahl zu.
Oder Sie schreiben uns unter:
Libris.publikationsservice@gmx.de
*bitte frankierten Rückumschlag beilegen

Ein Echtheitszertifikat handsigniert von Sigrun
Thiel liegt jedem Bild bei.

Agentur und Herausgeber
Libris2008/Chrobog
©2010 by Libris2008 & Autor
eshop2008 Leipzig

Ein Echtheitszertifikat von Sigrun Thiel
liegt jedem Bild bei.

Agentur und Herausgeber

Libris2008/Peter Chrobog
©2010 by Libris2008 & Autor

eshop2008 Leipzig

Bildverzeichnis:
Seite 6,10,21,37,47,106,115,121-122